큰 변화를
이루는
작은 생각

결정적 순간은
디지털에 있다

KB100322

님께

PART 1
디지털로 생각하라

PART 2
디지털이 결정적 순간을 좌우한다

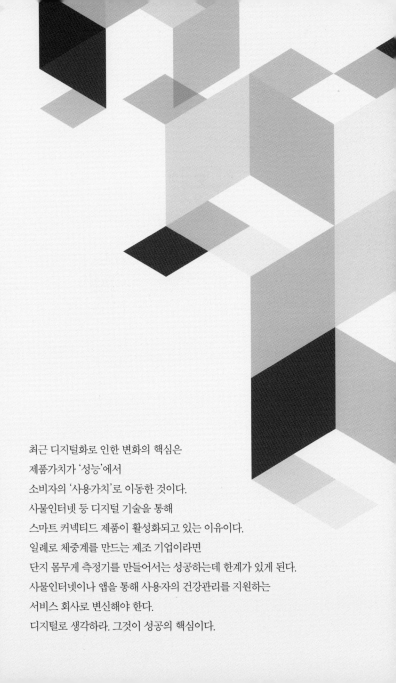

최근 디지털화로 인한 변화의 핵심은
제품가치가 '성능'에서
소비자의 '사용가치'로 이동한 것이다.
사물인터넷 등 디지털 기술을 통해
스마트 커넥티드 제품이 활성화되고 있는 이유이다.
일례로 체중계를 만드는 제조 기업이라면
단지 몸무게 측정기를 만들어서는 성공하는데 한계가 있게 된다.
사물인터넷이나 앱을 통해 사용자의 건강관리를 지원하는
서비스 회사로 변신해야 한다.
디지털로 생각하라. 그것이 성공의 핵심이다.

PART 1

디지털로
생각하라

기술이 아니라
고객경험이다

2015년부터 면도기 시장에 등장한 스타트업인 달러 쉐이브 클럽(DSC, DOLLAR SHAVE CLUB)은 '고객경험'이라는 기본에 충실함으로써 소비자를 사로잡았다. 즉, 고객경험 중심의 사고로부터 스스로에게 이런 질문을 한 것이다.

"왜 매번 귀찮게 면도날을 사야만 하지?"

"대체 비싼 5중, 6중 면도날이 왜 필요한 거야?"

이러한 질문에 대한 해답으로 그들은 고객에게 꼭 필요한 적정 가격과 품질을 갖춘 정기배송 서비스이라는 '구독 서비스'를 설계하여, 시장에 진입한 지 3년 만에 시장점유율을 1%에서 8.5%까지 끌어올렸다.

이와 반면에 120년 역사를 자랑하는 질레트는 자신들의 기술력을 과시하여 2중 면도날에서 6중 면도날까지 개발하여 시장에 출시하였는데 그들의 생각은 이러했다.

"면도날 수를 늘리는 우리만의 기술을 이용해 수염이 더 잘 깎이게 하면 매출이 몇 배는 더 늘어 날거야."

하지만 결과는 그 반대였다. 2010년도 기준 미국 내 시장 점유율이 71%에 달했던 질레트는 2018년 47%까지 곤두박질쳤다.

더 많은 기능을 넣고 더 화려한 기술에 심취하여 정작 소비자들이 원하는 것이 무엇인지를 잊었던 것이다.

판매하고자 하는 상품이 무엇인지, 사람들이 그것을 사려고 하는 이유가 무엇인지 기억하는 것. 이것이 달러쉐이브 클럽의 성공 비결이다. 이를 두고 올리비아 투비아 컬럼비아 경영대학원 교수는 이렇게 말했다. "질레트는 기술자 경험을 추구했고 달러 셰이브 클럽은 고객 경험을 추구했다. 고객은 간편하고 간소한 제품을 원하는데 질레트는 자신의 기술에만 심취해 있었다." 이 사례는 디지털 트랜스포메이션(DT)의 전제 조건 첫 번째가 바로 기술과 시스템이 아닌 고객경험 중심의 사고이어야 한다는 것을 잘 말해주고 있다. 모든 디지털 트랜스포메이션은 기술, 그 자체를 추구하지 말고 '고객경험'을 최종 목적지로 삼아야 한다.

밀크쉐이크의
오류

맥도날드는 제품의 판매증가를 위해 '혁신 기업의 딜레마'로
유명한 하버드 경영대학원 클레이튼 크리스턴슨(Clayton
Christensen) 교수에게 컨설팅을 의뢰했다. 프로젝트를 받은
교수 일행은 며칠 동안 매일 10시간씩 맥도날드 매장에
죽치고 앉아서 누가 밀크쉐이크를 사가는 지를 관찰했다. 관찰
결과, 밀크쉐이크 전체 판매량의 40% 이상이 출근 시간대인
오전 8시 이전에 팔렸다. 이 고객들은 대부분 출근하는 성인
남성들이었다. 이들은 대부분 밀크쉐이크 하나만 사서 들고
나갔다. 그럼 이들은 도대체 무엇을 하려고 밀크쉐이크를
샀을까? 왜 하필 사람들이 이른 아침에 밀크쉐이크를 살까?,
왜 사람들은 밀크쉐이크를 매장에서 먹지 않고 테이크아웃을

하는 걸까?

밀크쉐이크는 점성이 매우 높아서 오래 먹을 수 있다. 빨대로 이를 다 먹는 시간은 약 23분 정도였다. 게다가 포만감도 크고 달콤하기까지 하니, 운전하는 직장 남성들의 편한 친구가 되기에 아주 적합한 제품이었다. 사람들은 바쁜 아침 시간에 간단히 요기를 채울 무언가로 밀크쉐이크를 선택한 것이다. 바로 이점이 출근하는 성인 직장 남성들이 밀크쉐이크를 선택한 이유였다. 맥도날드는 이런 분석 결과에 따라 밀크쉐이크를 아침 식사 대용으로 선택하는 고객의 관점에서 마케팅 전략을 수정했다. 아침에 매장을 찾는 성인 남성 소비자에게 빠르게 서비스하기 위해 우선 카운터 안쪽에 비치돼 있던 밀크쉐이크 기계를 카운터 앞으로 이동했다. 그 결과 미국 시장에서 밀크쉐이크의 매출이 무려 7배나 상승했다.

미국 뉴욕대 클레이 셔키(Clay Shirky) 교수는 이 연구에서 경험한 일화를 '밀크쉐이크 오류'라는 용어로 정리했다. '밀크쉐이크 오류'는 상황과 맥락을 보지 않은 채 제품이라는 대상 자체에만 관심을 기울여 문제를 해결하려는 오류를 지칭한다.

이러한 '밀크쉐이크 오류'를 범하지 않으려면, 기업은 제품 자체가 아니라 제품을 구입한 소비자가 자신의 삶 속에서 어떻게 이를 활용하느냐에 대한 컨텍스트(Context)를 유심히 관찰해야 한다.

페인 포인트(Pain Point)를
해피 포인트(Happy Point)로

나는 강의를 겸한 부산 여행을 할 때면 꼭 부산역 근처에 있는
호텔만 고집했었다. 부산의 정취를 느낄 수 있는 해운대쯤에서
해수온천도 즐기고 맛집도 찾아다니며 다음날 송도나 오륙도
등 관광지를 돌아보고 싶었지만 무거운 여행 가방 때문에 그럴
수가 없어서다. 호텔 측에서는 안전하게 짐을 보관해 주겠다고
하겠지만 그렇게 되면 관광을 하고 다시 해운대까지 짐을
찾으러 와야만 하기 때문에 별로 도움이 되지 않는다.

파라다이스 호텔 부산은 이러한 고객의 불편사항을 파악하고
특급호텔 최초로 KTX 부산역에 '레일 데스크'를 운영해
수화물 위탁 서비스를 제공하고 있다. 오전 11시까지

해운대에 위치한 호텔에 맡긴 짐은 투숙객이 관광을 즐긴 후 부산역에서 찾으면 된다. 반대로 고객이 KTX 부산역 2층에서 짐을 맡기고 관광을 하다가, 오후에 해운대에 위치한 호텔로 가면 그곳에서 짐을 찾아 체크인을 할 수도 있다.

누구나 다 어딘가는 불편하고 아픈 데가 있다. 이것이 페인 포인트다. 스타벅스의 '사이렌 오더' 역시 페인 포인트에 주목한 서비스다. 고객으로 붐비는 아침과 점심시간의 긴 대기줄에 대한 불편을 어떻게 해결할까를 고민하던 차에 나온 아이디어였다.
결국 소비자의 페인 포인트(Pain Point)를 찾아내 편하고 즐거운 쪽으로 만들어주는 해피포인트(Happy Point)로 만드는 것이 모든 서비스와 비즈니스의 성공열쇠이다.

예방정비에서
예측정비의 시대로

엔진 제조업체 중 하나인 영국의 롤스로이스는 전통적인
비행기 엔진 제작사이지만 고객에게 제트엔진을 판매하는
대신에 가스요금이나 수도요금처럼 사용한 출력량과
시간에 따라 요금을 부과한다. 그들은 비행기 엔진이 제대로
작동하는지 여부를 원격으로 감시하며 고장이 나기 전에
부품을 수리하거나 교체함으로써 엔진이 항상 최고의
성능을 발휘할 수 있는 시간을 늘려주는 새로운 비즈니스를
하고 있다. 이런 일들이 가능해진 이유는 센서와 위성 회선을
사용하여 제트엔진의 가동 데이터를 세세하게 파악할 수 있게
되었기 때문이다.

센서는 엔진을 가동하는 부품과 압력, 온도, 진동, 속도 정보 등 시스템의 데이터를 수집해 실시간으로 본사에 전송한다. 데이터 분석을 통해 하늘을 비행 중인 엔진에도 실시간으로 원격으로 개선조치가 취해진다. 안전성을 보장하고 수리 시간을 단축해 운행 지연 시간을 최소화할 수 있는 것이다. 이 엔진 서비스 패키지는 회사 전체 수익의 50%를 점유하고 있다.

기존의 항공기 엔진 제조사들과 달리, 롤스로이스(Rolls Royce)는 업계 최초로 예측정비의 개념을 도입하여 항공기 운항시간(Continuous Uptime)에 비례해 보수를 지급받는 방식으로 변경하였다. '사용시간당 판매(power by the hours)'라는 구독 서비스 비즈니스 모델로 바꾼 것이다. 롤스로이스처럼 비행기 엔진의 센서를 통해 데이터를 얻어서 실시하는 예측정비(predictive maintenance)는 지금까지 공장에서 수행해온 가장 높은 수준의 정비 활동으로 수준 높은 비포 서비스(before service)로 업그레이드 되는 계기가 되었다.

침대는
가구가 아니다

세계 최대 가전 전시회 'CES 2020'에 IoT 가구업체인
슬립넘버(Sleep Number)의 스마트 침대가 전시되었다.
이 스마트 침대는 생체인식기술로 침대가 사람이 자고 있는지
여부를 자동으로 인지하고 현재 수면 상태에 따라 침대에
포함된 공기의 양을 늘리거나 줄여 쾌적한 숙면을 유도한다.
이 침대에는 코골이 소리를 감지하는 기능도 있는데 사람이
코를 고는 경우 코골이 완화를 하기 위해 부드럽게 머리
부분을 미세하게 올려준다. 이때 코를 고는 사람의 머리
부분만 올라가므로 옆에서 같이 잠자고 있는 사람의 수면을
방해할 일은 전혀 없다.

스마트 침대의 또 다른 스마트 기능은 예열기능이다.

발이 따뜻하면 혈액순환이 원활해지며, 몸 전체에 열이 돌면서 뇌가 휴식을 취하게 된다. 스마트 침대는 이런 원리를 이용해 사용자가 빨리 수면에 들 수 있도록 발 부분을 예열시켜놓는 기능도 제공한다. 여태껏 안방에서 가장 큰 면적을 차지하는 가구라는 제품에서 침대는 이제 연결을 통해 과학으로 거듭난 것이다.

"침대는 가구가 아닙니다. 과학입니다."는 한때 어느 침대 제조사의 광고 문구였다. 당시 초등학생들이 "다음 중 가구가 아닌 것은?"이란 문제에 오답을 내면서 학부형들이 문제를 삼는 웃지 못할 일도 벌어졌다. 그런데 지금, 침대는 이제 정말 가구가 아니라 과학이 되었다. 새로운 디지털 기술의 등장으로 기존 비즈니스 모델은 한계에 봉착했다. 비즈니스 모델에도 유통기한이 존재한다. 현재 우리 조직의 비즈니스 모델을 디지털 패러다임에 맞게 새것으로 바꾸는 작업이 필요하다.

빅데이터는
맞춤형 마케팅의 미래

미국의 대형 슈퍼마켓에서 한 여고생에게 임신용품 광고
이메일을 보냈다. 그 이메일을 본 여고생의 아버지는 크게
분노했고, 슈퍼마켓을 찾아가 거세게 항의했다. 미성년자인
딸을 임신부로 오해한 슈퍼마켓에 화가 났던 것이다. 당황한
슈퍼마켓 담당자는 쿠폰이 잘못 발송된 것으로 판단하고 해당
아버지에게 정중히 사과했다. 그런데 이러한 상황에 급격한
반전이 찾아왔다. 아버지가 그로부터 몇 주 뒤, 딸이 정말로
임신을 했던 사실을 알게 되었던 것이다.

가족도 몰랐던 여고생의 임신 사실을 슈퍼마켓은 더
정확하게 예측했던 것이다. 도대체 어떻게 이런 일이 발생할

수 있었을까. 여고생에게 임신용품 할인쿠폰을 발급했던 대형마트는 고객들의 구매 패턴 데이터를 수집해서 분석한 후 남성, 여성 그리고 연령별로 다양한 집단들의 구매패턴을 분석했다. 그리고 그 여고생이 임산부가 보이는 구매 패턴을 보이자, 임산부로 예측하고 쿠폰 메일을 발송했던 것이다.

맞춤형 마케팅의 정확성을 보여주는 유명한 사례인 미국의 대형할인점 타깃(Target Corporation)의 이야기다. 가족에게조차 숨겼던 고등학생 딸의 임신 소식을 영양제와 무향 로션이라는 데이터를 통해 이미 인지하고 있었던 사례. 비즈니스의 성패는 결국 '맞춤형 추천'에 달려 있다. 우리 제품과 서비스를 고객에게 푸시(Push)하는 것이 아니라, '어떤 기준으로 어떤 편집을 통해 어떤 선택지를 추천해주느냐'라는 큐레이션을 통한 고객 끌어당기기(Pull)가 새로운 생존전략이 되고 있다.

이젠 '커넥티드' 싸움이다

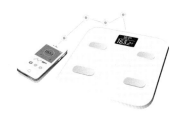

두 손에 짐을 가득 들고 집 안으로 들어가려 할 때, 침대에 누워 있는 채로 전등을 켜고 싶을 때, 또는 밤에 갑작스러운 '꽝' 소리에 잠을 깰 때, 편하고 쉽게 전등을 켜고 끄는 방법은 뭘까? 스마트폰이나 자신의 음성을 이용해 조명을 조절한다면 어떨까? 그런데 '알렉사, 불켜!'(Alexa, Turn on the living room lights)라는 음성 명령으로 이것이 정말 가능해졌다. 필립스(Phillips)가 알렉사와 연결하여 스마트 전구를 가장 먼저 시장화 함으로써 조명을 어둡게 또는 백색의 색온도를 따뜻한 색에서 차가운 색으로 바꿔달라고 명령할 수 있게 만든 것이다. 앞으로 필립스의 스마트 전구는 제품인 알렉사의 판매량이 증가하는 속도대로 고속성장을 누리게 될 것이다.

체중계를 하나 더 예로 들어보자. 최근 체중계의 진짜 사용가치는 단순한 몸무게 측정이 아니라 본인의 건강관리다. 체중계는 체중계와 관련 있는 여러 기능들 즉, 체지방 등을 함께 측정할 수 있는 기능들이 포함되고 일정 기간 측정한 체중의 변동추이 등 건강과 관련된 다양한 분석 자료를 확인할 수 있는 기능을 포함해야 한다. 즉, 체중계는 사용자의 다양한 정보를 축적하고, 측정된 체중 값이나 체지방 값을 제조사와 제휴를 맺은 의료 기관에게 전송하고, 데이터를 전송받은 기관은 그 데이터를 바탕으로 사용자에게 맞춤형 건강 정보를 정기적으로 알려주는 서비스를 제공해야 한다.

최근 디지털화로 인한 변화의 핵심은 제품가치가 '성능'에서 소비자의 '사용가치'를 높이는 것으로 이동했다는 것이다. 사물인터넷(IoT) 등 디지털 기술을 통해 스마트 커넥티드 제품(Smart, Connected Products)이 활성화되고 있는 이유이다. 따라서 체중계 제조기업이라면 몸무게 측정기를 만들어 내는 제조기업으로는 성공할 수 없다. IoT나 앱을 통하여 사용자의 건강관리를 지원하는 서비스 회사로 변신해야 한다. 이것이 바로 제품에 연결된 디지털 서비스다.

게임화는 고객충성도의
새로운 자원

구찌(Cucci)는 메타버스 공간에 본사가 있는 이탈리아
피렌체를 배경으로 한 '구찌 빌라(Gucci Villa)'에서 제품을 직접
둘러보고 구매할 수 있는 공간을 제작했다.

구찌 빌라에서는 현실 공간에서 판매하는 제품과 동일한 60여
종의 의상, 신발, 가방 등을 착용할 수 있다. 이뿐만 아니라
아바타가 구찌 빌라에 방문해 구찌 제품을 구경하고, 구찌
빌라의 정원에서 미로 찾기를 하고 분수 쇼를 구경하는 등
다양한 활동도 할 수 있다.

이제는 많은 국내외 기업이 메타버스를 업무, 회의, 포럼,
직원교육에 활용하고 있다. 현대자동차는 VR 헤드셋을 쓰고

가상세계에서 북미, 인도, 유럽 직원들과 만나 신차 품평회를 한다. 미국 월마트는 코로나19 이전부터 VR을 이용해 직원교육을 하고 있다. 새로 입사한 매장 직원이 실제 고객을 마주하기 전 가상공간에서 고객 응대법을 익히도록 했다. 직원들은 매장에서 벌어질 수 있는 다양한 돌발 상황을 미리 경험함으로써 고객 응대능력을 키울 수 있다. 어설픈 고객 응대로 브랜드 이미지에 타격을 받는 리스크를 최소화할 수 있게 된 것이다.

메타버스(Metaverse)란 초월, 추상을 의미하는 '메타(meta)'와 우주, 세계관을 뜻하는 '유니버스(universe)'를 결합한 용어로 현실과 연동된 가상의 세계라는 뜻이다. 마케팅과 인게이지먼트의 한 방안으로 많은 브랜드들이 고객 인게이지먼트를 위해 메타버스와 같은 게임적인 요소를 활용하기 시작했다. 게임은 재미 요소를 통해 고객의 관심을 끌 수 있고 상대적으로 긴 시간 동안 브랜드에 머무르게 하기 때문에 고객충성도를 높이는 새로운 수단으로 부상하고 있다.

'큐레이션'에서
답을 찾다

온라인에서 신발이나 안경을 구매한다면 여러분은 어떤
서비스를 원할까? 온라인에서 내 자신에게 꼭 맞는 안경을
구매하는 일은 생각만큼 쉽지 않을 것이다. 자신의 얼굴에
안경을 맞추려면 안경점에 가서 직접 착용하는 방법 외에 다른
뾰족한 수가 없기 때문이다. 현재 많은 인터넷 쇼핑몰들이
안경을 판매하고 있다. 하지만 직접 착용해볼 수 없기 때문에
선뜻 구매하기가 어렵고 구매해도 반품하는 경우가 상당히
많다. 그렇다면 안경점은 이러한 온라인 쇼핑몰의 한계를
어떻게 극복해야 할까?

미국의 신생 벤처기업인 '와비파커(Warby Parker)'는 이른바

'집에서 써보기(Home Try-on)' 시스템으로 이런 한계를 슬기롭게 극복하고 있다. 와비파커는 다른 인터넷 쇼핑몰과 달리 5가지 맞춤 안경을 5일간 소비자가 직접 착용해볼 수 있도록 제품을 집으로 배송해 준다. 소비자는 집에서 자신에게 가장 잘 맞는 안경을 선택하고 다시 제품들을 반송시킨다. 제품을 다시 받은 회사는 소비자가 선택한 안경에 고객의 시력과 눈동자 사이의 거리 정보를 적용하여 최종 맞춤 안경을 만들어 2주 안에 고객의 집으로 다시 배송한다. 총 3번의 택배에 소요되는 비용은 모두 회사가 부담하고, 고객이 안경 하나를 맞추는 데 드는 비용은 총 95달러(한화 약 10만 원)로 상당히 저렴한 편이다. 소비자가 직접 집에서 착용해보고 구매할 수 있는 혁신적인 유통시스템 덕택에 와비파커는 대성공을 거두었다.

소비자에게 먼저 판매하는 것이 아니라 '소비자에게 먼저 선택하는 경험을 제공하는 전략'이 더 많은 소비자들에게 사랑받고 있음을 와비파커가 증명하고 있다. 스티치픽스(Stitch Fix) 역시 패션이라는 서로 다른 상품을 판매하지만 유사한 툴을 적용하여 성공한 경우다. 정보와 상품이 범람하는 시대에는 고객에게 '더 많은 선택'을 해주는 게 능사가 아니다. 이제는 '더 좋은 선택'을 하도록 도와주고 추천해주는 것이 진정한 서비스이며 이것이 바로 큐레이션이다.

옛 기술로 새로운 서비스를 창조한다

"덧붙여 귀사의 서비스 향상을 위하여 제안을 하나 드리고 싶습니다."

한 번은 에어컨이 고장 나서 해당 제조사에 전화를 했더니, 콜센터 상담원이 에어컨 뒷면에 있는 '모델명'을 불러 달라는 것이다. 에어컨 뒷면을 보기도 어려울 뿐더러, 쉽게 이동하기도 어려운 상황에서 꼭 이 방법밖에 없을까 하는 생각이 들었지만, 어쩔 수 없이 힘겹게 모델명을 확인해 알려주었다. 그리고 한 가지 제안을 했다. "당초 제품 설치 시에 설치기사가 주소, 이름, 모델명 등의 정보가 담긴 QR코드를 전자제품에 붙여놓고 고객이 바로 QR코드만 AS센터에 찍어 보내면 회사에서 제품과 고객 인적사항을 확인하고 AS기사가 고객에게 연락하는 시스템으로 바뀐다면 이거야말로 귀사가 디지털화된 멋진 고객경험을 선사할 수 있는 차별화된 기회가 되지 않을까요."라고 말이다.

올해 여름, ○○전자 서비스 홈페이지에 올린 내용이다. 실제로 IT기기와 산업용 장비를 렌탈하는 한국렌탈의 온라인 고객센터는 AS 접수, 추가 렌탈 및 계약 정보 확인 등 고객들의 다양한 문의에 오래된 기술인 QR코드를 활용하고 있다. 지금까지 고객들이 전화로만 요청했던 것을 렌탈 제품마다 붙여져 있는 자산 QR코드 스티커를 촬영한다. 여기서 나타나는 페이지를 통해 콜센터의 ARS 연결을 거치지 않고 곧바로 AS 접수가 가능하도록 설계되어 고객 편의성을 대폭 향상시킨 것이다.

QR코드를 통해 서비스 혁신이 가능할 것이라는 내 제안은 A/S센터를 운영하는 회사 모두에게 편리한 고객경험을 선사할 수 방법이라고 본다. 디지털로 무장한 마이크로소프트, 구글, 페이스북, 아마존, 알리바바처럼 엄청난 기술과 데이터를 확보하여 인공지능화 된 맞춤형 서비스를 제공하는 데에는 많은 투자와 시간이 필요하다.
하지만 "고객들에게 중요한 것은 첨단기술을 도입했느냐가 아니라 새로운 고객경험을 제공하느냐"에 있다.

당근마켓은
커뮤니티 서비스다

당근마켓은 PC에서도 채팅을 할 수 있는 '당근채팅' 웹 버전 서비스를 오픈했다. '당근채팅'은 당근마켓 내에 있는 채팅 기능을 말하는데 기본적으로 중고 거래를 위한 목적으로 사용된다. 그런데 이런 목적뿐만 아니라 취미를 공유하는 이웃끼리 친목을 다지거나, 지역 상권 가게들이 주민들과 소통하는 용도로도 이용할 수 있다.

채팅 활용도가 높아지다 보니 이용자들이 PC에서도 이를 사용하고 싶다는 의견을 냈고, 당근마켓이 이를 받아들여 웹 버전을 오픈하게 된 것이다.

당근마켓 앱의 '동네생활' 탭을 들어가 보면 여러 생활정보가 활발히 공유되고 있다. '동네에 산책하기 좋은 공원 없나요?',

'언제 같이 저녁 먹을 사람 구합니다.' 같은 글들이 올라오고 있다. 단순 물품 거래뿐만 아니라 지역정보 공유에 이어 주민 간의 만남, 모임 생성, 운동 제안 등 동네 사람들의 다양한 커뮤니티 지원 서비스로 진화하고 있는 것이다. 이것이 기존의 '중고나라' 같은 커머스 플랫폼과의 차별점이고, 커머스를 뛰어넘는 동네생활 커뮤니티 서비스로 고객들을 유인한 성공요인이 되고 있다.

당근마켓은 거래를 위해 잠시 방문하는 곳이 아니라 생활 자체가 되다 보니 사용자 수와 체류 시간의 폭발적으로 느는 건 당연하다. 당근마 켓은 중고거래 플랫폼에서 시작했지만, 현재는 아주 좁은 특정 지역을 의미하는 '하이퍼로컬(Hyperlocal)' 커뮤니티 역할을 하고 있는 셈이다. 당근마켓이 선택한 지향점은 '커머스(Commerce)'가 아니고 '커뮤니티 (Community)'다. 인터넷 기반의 비즈니스 모델은 당근마켓처럼 당장의 수수료를 챙기는 커머스보다는 관계의 밀착도를 상징하는 커뮤니티에 우선순위를 두어야 한다.

텍스트를
디자인하라

아래 두 그림은 똑같이 "파일을 삭제할까요?"를 묻는
화면인데, 왼쪽은 헷갈려서 한참을 고민해야 했다. 왼쪽보다
오른쪽 예시가 "그대로 두세요", "삭제하세요"로 생각 회로가
훨씬 짧아진 걸 느낄 것이다.

여러 번의 생각 없이 헷갈리지 않고, '아!'하며, 바로 행동할 수 있도록 하는 것이 UX 라이팅(UX writing)의 핵심이다.

금융 앱 '토스(Toss)'는 대출금을 갚을 때마다 보내는 알림 문구를 "대출 잔액이 줄어들었으니 확인해보세요."에서 "갚느라 고생 많으셨어요! 신용점수가 달라졌는지 확인해보세요."라고 바꾸었다. 그렇게 바꾸고 나서 고객만족도 지표가 증가했고, 민원 창구에 문구에 대한 긍정적 의견이 크게 증가했다.

최근 사용자 경험(User Experience)의 디자인으로 UX 라이팅(UX writing)의 개념이 부상하고 있다. UX 라이팅이란 웹사이트, 모바일 앱/웹 등의 인터페이스 전반의 텍스트, 문구를 만드는 일로써. 사용자들이 서비스를 만나고, 사용할 때 접하게 되는 단어나 문구들을 설계하는 일을 말한다. UX 라이팅의 핵심은 사용자의 '인지적 부하(Cognitive Load)'를 최소로 하는 것을 핵심으로 잡아야 한다. 글의 내용, 위치, 모양을 최대한 쉽고, 직관적으로 설계해야 사용자에게 빠르고 확실하게 전달되기 때문이다.

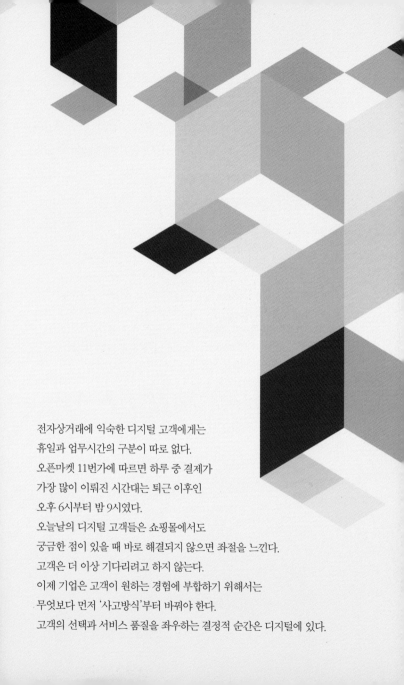

전자상거래에 익숙한 디지털 고객에게는
휴일과 업무시간의 구분이 따로 없다.
오픈마켓 11번가에 따르면 하루 중 결제가
가장 많이 이뤄진 시간대는 퇴근 이후인
오후 6시부터 밤 9시였다.
오늘날의 디지털 고객들은 쇼핑몰에서도
궁금한 점이 있을 때 바로 해결되지 않으면 좌절을 느낀다.
고객은 더 이상 기다리려고 하지 않는다.
이제 기업은 고객이 원하는 경험에 부합하기 위해서는
무엇보다 먼저 '사고방식'부터 바꿔야 한다.
고객의 선택과 서비스 품질을 좌우하는 결정적 순간은 디지털에 있다.

PART 2

디지털이
결정적 순간을
좌우한다

마이크로 모멘트(MMOT)를 찾아서

글로벌 패스트푸드업체 '버거킹'은 정체구간에 머물고 있는
자동차로 직접 와퍼를 배달한다. 배달 방식은 이렇다. 먼저
위성 GPS의 실시간 데이터를 활용해 정체가 심한 도로구간을
찾는다. 다음에는 운전자 이동 동선에 있는 옥외 광고판에
이런 메시지를 띄운다. "45분 정체 예상! 지금 바로 차에서
주문하세요(You'll be stuck for 45MIN. Order to your car now!)."
드디어 운전자가 배달 가능 구간으로 진입하면 배너광고와
푸시(Push) 알람으로 와퍼를 구매하도록 하고 반경 3km
매장에서 오토바이로 정체 구간의 운전자에게 배달한다.

배달은 교통 상황에 따라 수시로 달라지기 때문에 구글지도

엡(API)를 활용해 버거킹 지점 반경 3km 이내의 교통체증이 확인되었을 때만 제공한다. 고객이 주문을 완료하면 마찬가지로 이동 동선 내에 있는 옥외 광고판에 배달까지 남은 시간을 개인별 메시지 형태(Your whopper arrives in 0:02 MIN)로 띄운다. 버거킹의 '트래픽 잼와퍼(Traffic Jam Whopper)' 캠페인 이야기다. 버거킹 멕시코가 진행한 이 캠페인의 성과는 놀라웠다. 배달 주문량은 63% 증가했고, 일별 버거킹 앱 다운로드 비율은 44배가 늘었다.

이처럼 궁금한 정보나 갖고 싶은 물건 등을 스마트폰으로 검색해 '즉각적으로 욕구를 해소하는 매우 짧은 찰나의 순간'을 마이크로 모멘트(MMOT,Micro Moment Of Truth)라고 한다. 마이크로 모멘트는 제품과 서비스가 고객과 만나는 그 순간을 이루는 MOT(Moment of Truth)의 개념을 발전시킨 구매행동 모델이다.

고객의 모든 욕구 발생 단계를 모두 커버하기란 사실상 불가능하다. 버거킹처럼 디지털 혁신에 성공한 기업들의 공통점은 고객들이 어떤 맥락과 상황에서 우리 제품을 사고 싶은지를 귀신같이 알아내서 그들의 '강한 욕망'을 디지털을 활용하여 충족시키고 있다.

결정의 순간(MOD)을
잡아라

내 차는 이제 10년이 지나니 여기저기 부품을 교체해야 하는 타이밍이다. 한 자동차 정비소에서 "장거리 여행을 다녀와야 하는데 전체를 점검해주세요."라고 부탁했는데 정비사가 써준 견적비용을 보고 깜짝 놀랐다. 전체 부품 교체비용이 무려 300만 원이 넘었다. "당장 타고 다니는데 큰 문제만 없게 해주세요. 곧 새 차로 바꿔야겠네요."라고 정비사에게 무심코 말했다. 자동차 영업을 하는 세일즈맨이 길목을 지켜야 하는 곳은 자동차 정비소일 것이다. 만약 대형 교통사고가 난 차라면 보험회사 직원은 "수리비보다 차라리 보험금을 타서 새 차로 사는 편이 더 낫겠어요."라고 권할 것이다.

새 차를 구매할 고객을 정비회사, 보험회사가 자동차 딜러보다 먼저 알고 있는 셈이다. 자동차 세일즈맨은 한 달에 400명 정도를 만나서 3~4대의 자동차를 팔고 있다고 한다. 따져보면 1%의 성공률이다. 그런데 보험회사에서 '수리비 보다 차라리 새 차 사는 편이 낫겠다.'라는 말을 들은 고객은 97.3%가 보험금으로 새 차를 산다고 한다. 고객이 새 차를 사기로 결정의 순간의 길목을 지키고 있는 일이 곧 자동차 영업의 성패를 쥐고 있는 셈이다. 한 백화점의 남성 정장을 파는 판매원은 인사를 하고 상품추천이나 색깔 등을 물어보는 등 매장 내의 여러 활동요소 중에서 고객이 매장에 들어와서 옷의 치수를 재는 일을 가장 중요한 결정적 순간으로 삼고 있다고 한다. 양복의 치수를 재고 난 후 상품 설명을 한 고객의 실제 구매율이 압도적으로 높다는 것을 발견했기 때문이다.

세일즈맨들이 고객의 어디를 정조준 해야 영업성과를 높일 수 있을까. 이 지점이 바로 영업의 급소인 초크 포인트가 된다. 고객접점의 모든 여정에서 구매욕구가 발생하는 접점의 단계를 일일이 커버하기란 사실상 불가능하다. 그렇기 때문에 내가 팔고 있는 상품이나 서비스에 대해 고객이 사고 싶은 순간을 붙잡아 마케팅과 서비스를 집중화해야 하는 전략이 절실하다. 이것이 저성장 시대의 고효율 마케팅 전략이다.

고객은 옴니채널을 원한다

유통강자 타겟(Target)은 미국 내 1,800개 점포를 대상으로 인터넷으로 주문한 제품을 고객이 차에서 내릴 필요 없이 매장 외부 주차장에서 바로 구매제품을 받을 수 있는 '커브사이드 픽업(Curbside Pickup)'을 통해 당일 배송에 대응하고 있다. 미국의 경우 소규모의 상품 구매보다는 대량으로 상품을 구매하는 경우가 많아 대부분의 고객이 쇼핑을 할 때 자동차를 이용한다. 타겟은 고객이 사전에 인터넷으로 주문한 상품을 주차장에서 바로 배송할 수 있는 다양한 '드라이브 업(Drive Up)' 픽업 서비스를 제공하고 있다.

드라이브업은 타겟에서 상품을 구매한 후 배송 방법으로

드라이브 업을 선택한 후 배송 받고 싶은 매장을 선택하고 결제를 완료하면 매장에서 상품이 준비되면 고객에게 공지메일 및 푸시 메시지로 알려준다. 고객은 지정된 매장 주차장에 '드라이브업'이라고 적힌 표시가 되어 있는 곳에 주차하고 있으면, 점원이 제품을 가져다준다.

주차장에 비콘(Beacon)이 설치되어 있어 구매자의 방문을 파악할 수 있으며, 위치정보를 활성화하지 않은 고객의 경우 모바일에서 I'm Here라는 버튼을 누르면 매장 직원이 이를 인지하고 주문 상품을 자동차에 실어 준다.

소비자가 직접 매장에 들어가야 했던 지금까지의 '픽업 서비스'와 달리 '커브사이드 픽업'은 매장이 고객의 차량정보 및 차량 도착정보를 핸드폰 앱으로 받은 뒤 제품을 고객의 차량 트렁크에 싣거나 고객에게 직접 전달한다. 월마트(Walmart)나 타겟(Target)은 모두 온·오프라인으로 손쉽게 제품을 구매하고 픽업할 수 있는 경험을 제공하고 주차장에서 상품을 픽업할 수 있는 커브사이드 픽업(curbside Pickup) 같은 혁신적인 옴니채널 서비스를 제공해 온라인 구매고객의 경험을 높여주고 있다. 온라인 혹은 오프라인만으로는 하나의 채널에서 독립적으로 고객의 니즈를 충족시키는 데에 한계가 있다. 고객은 옴니채널을 원한다.

당신을 만나기 전에
선택은 끝났다

"피로회복에 비타민B 영양제를 먹으면 좋다고 해서 요즘
인터넷에서 비타민B 추천 제품이 어떤 것이 있나 열심히
검색해 봤어요. 네이버 스토어에서는 무려 5점 만점에
4.8점이라는 높은 평점을 기록하고 있는데, 이 점수는 조작이
불가능하다고 알고 있어서 구매할 때 더욱 안심이 되더라고요.
많은 사람들이 선택한 제품은 다 이유가 있다고 생각해요."
한 고객의 이야기다.

친구와 음식점을 간다면 가장 흔한 방식으로 우리는
검색엔진을 통하여 맛집을 검색한다. 요즘엔 알바를 통한
가짜 정보가 있기 때문에 그 정보들 중에서도 신뢰가 갈만한

것을 택하여 음식점을 정하고 있다. TV를 한 대 사려고 한다면 무엇을 가장 먼저 하는가? 이것 또한 검색이다.

요즘 시대에서 가장 큰 사전접점의 공간은 인터넷이다. '사전접점'은 온라인이나 오프라인으로 이루어지는 사전 탐색의 단계를 말한다. 우리 기업에 대해 다른 사람들이 말한 온라인상의 평판을 먼저 접한다는 뜻이다.

디지털 시대에는 이 단계를 과소평가하면 안 된다. 앞으로는 점점 더 이 단계가 중요해질 것이기 때문이다.

사전 접점(Zero Moment of Truth : ZMOT)은 구글이 설명한, 고객이 상품을 접하는 1단계 이전에 온라인에서 먼저 정보를 탐색하는 단계다. 오늘날 고객은 단시간 내에 어떤 기업의 사업 또는 상품에 관해 완벽한 배경조사를 할 수 있다. 이러한 사전 접점은 사후 접점과도 연결된다고 할 수 있다. 왜냐하면 좋은 후기 내지 평가가 사전 접점으로 다시 연결되기 때문이다.

따라서 매장에서의 첫 번째 접점도 중요하겠지만 검색과정에서 접하는 사전 접점을 무시한다면 고객의 선택을 받는데 실패할 가능성이 매우 높아진다. 당신을 만나기도 전에 선택은 이미 끝났기 때문이다.

사람의
기척

"제가 오픈한 가게는 성심당처럼 줄을 세우기도,
학림다방처럼 오래되지 않았다는 점이었습니다.
이런 상황에서 여러분이라면 여러분의 가게에 어떻게 사람의
기척을 내겠습니까?"
바인더로 백과사전 형태의 출석부를 만든 건 제가 대한민국
최초가 아닐까 싶습니다. 제가 바인더의 장점을 분석해 보니까
분류가 가능하고, 여러 권이 늘어나는데 하나로 체계화가
가능했습니다. 기존의 쿠폰들은 자꾸만 사라져 버렸어요.
그래서 처음에는 우리가 만든 쿠폰을 뚫어서 해보려고 했어요.
그런데 모양이 너무 이상했어요. 어떻게 할까 하다가 고객들을
관리할 수 있는 이름과 연락처, 취향을 넣어 출석부 양식지를

만들었어요.

그리고 몇 번을 왔는지 알 수 있게 칸을 나누고 10번을 방문하신 분들에게는 커피 쿠폰을 따로 주기로 했습니다. 만들고 나니 여러 가지 활용이 가능했어요. 우선 일종의 빅데이터가 형성된 고객리스트를 이용하여 고객들과 SNS 친구를 하여 더욱 밀접한 관계가 될 수 있었어요. 또한 쿠폰 북을 이용하니 사람의 기척이 났고 신뢰도가 상승했죠. 다른 카페들은 이러한 기록이 없어요. '사람이 얼마나 많이 왔나.' 그런 의미에서 고객 출석부는 잘 만들어진 이력서와 같습니다."

작은 가게 성공 매뉴얼의 저자, 조성민 까페 '허밍' 대표의 이야기다. 사람들은 본능적으로 다른 사람의 흔적이나 따뜻한 느낌이 나는 곳을 좋아한다. 오프라인상 식당이라면 식사시간에 사람들이 줄을 길게 서서 있는 집이다. 그럼 쿠팡이츠나 배달의 민족 같은 온라인에서 주문한다면 어떤 식당에 주문을 할까?
온라인상에서는 줄을 서 있는 모습을 보일 수가 없다. 그렇다면 자신의 가게에 '사람의 기척'을 어떻게 남겨야 할까. 온라인상에서 다른 사람의 흔적을 나타내는 사람의 기척은 댓글과 리뷰다.

뛰어난 제품은
감각적 접점이 있다

나는 평소 마트에서 1~2만 원대의 값싼 와인을 산다.
제자들이나 지인들에게서 와인을 선물로 받는 경우도 꽤 있다.
와인이 맛을 제대로 느끼지 못하고 가격이 얼마인지도 모를
때 내가 좋은 와인이라고 느끼는 감각적 단서는 '포장박스'의
화려함이다. 요즘 많은 사람이 와인을 마신다. 그리고 와인의
가치에 대해서 이야기한다. 하지만 나 같은 일반 사람들이
와인의 가치를 제대로 가늠하기는 쉬운 일이 아니다.
그렇기 때문에 와인에 대한 정보와 평가를 찾아보고서 머리로
그 '좋음'을 이해하려고 한다.

그럼 많은 사람들이 와인의 가치 판단에 영향을 미치는 감각적

접점은 어디일까? 내 경우에는 '포장박스'라고 했지만 많은 사람들은 와인 '병의 무게'라고 한다. 사람들은 와인을 선택할 때 와인 병을 손에 들고 라벨을 본다. 사람들은 자신이 라벨에 적혀 있는 정보를 읽고 있다고 생각하지만 사람의 몸은 그 순간에 와인 병의 무게를 경험하면서 좋은 와인을 감각적으로 판별한다는 것이다.

와인의 사례처럼 모든 제품과 서비스에는 사람들의 가치 판단에 영향을 미치는 수 많은 감각적 접점이 존재한다. '감각적 접점'은 제품과 서비스의 우수성을 신체에서 느껴지는 감각만으로도 '뛰어남'이 느껴지게 하는 작업으로 사람들의 만족도를 높이는 매우 중요한 역할을 한다. 특히 자동차나 와인, 향수와 같은 고가의 제품을 구매한 경우 제품을 객관적으로 평가하기보다는 이 제품이 좋은 제품이라는 것을 보여주는 편향된 증거만을 찾게 된다. 그렇다면 고객들이 이성적인 이해 없이도 '뛰어남'이 느껴지도록 하는 감각적 접점을 잘 찾아내야 한다.

차가운 디지털에
따뜻한 휴먼터치

개인 스타일링 서비스로 유명한 의류 회사 스티치픽스(stich Fix)는 사용자가 선호하는 패션 스타일을 기반으로 인공지능의 알고리즘을 구성해 추천 시스템에 적용한다. 인공지능의 선택 다음에는 소비자들에게 만족할 만한 결과를 주기 위해 스타일리스트의 손을 거친다. 스티치픽스의 스타일리스트 수는 3,000명에 달한다. 스타일리스트의 오랜 경험과 세련된 패션 감각을 기반으로 고객과의 직접적인 소통을 통해 더 세심하게 옷을 골라주는 것이다.

예를 들어, 고객이 스타일리스트에게 "결혼식에 입고 갈

옷을 추천해주세요."와
같은 메시지를 전달하면,
스타일리스트가 적절한 옷을 골라
보내주는 것이다. 이러한 인간적인 연결을 통해 감성적인
따뜻함을 느끼게 함으로써 고객 충성도를 크게 높이고 있다.
스티치픽스는 고객만족을 위해 우수한 알고리즘과 우수한
인재가 적절히 결합해야 최고의 결과를 만든다는 점을
누구보다 잘 알고 있다. 더 수준 높은 서비스를 위해서는
구체적이고 휴먼터치적인 요소를 덧붙여야 한다.

디지털이 아날로그의 종말을 전제로 새롭게 등장한 것은 아니다. 메가
트렌드(mega trends)'라는 책으로 명성을 얻은 미국의 미래학자 존 나
이스비트(John Naisbitt)는 인간적 감성인 '하이터치(high touch)'라는
화두를 던졌다. 하이테크(high-tech)의 정반대 개념으로 인간적인 감
성을 강조한 것이다. 디지털 기술이 고도화될수록 그 반동으로 보다 인
간적이고 따뜻한 감성적 터치를 고객들은 더 중요시 한다.
기업은 소비자가 공감대를 느낄 수 있는 '인간적인' 서비스를 제공하는
것과 디지털 기술을 활용한 실시간 서비스를 제공하는 것 사이에서 섬
세한 균형을 유지해야 한다.

데이터가 아니라
데이터의 활용이다

친구와 점심을 먹기 위해 '맛집'을 검색했다. 가게 이름 옆에
'테이블 주문'이란 단어가 붙어있었다. 가게에 도착하니
테이블마다 위와 같은 스티커가 붙어있었다. QR코드를
찍으면 직원을 부를 필요 없이 바로 주문할 수 있고, 계산도
가능하다고 설명되어 있다. 테이블오더는 음식점에서 고객이
종업원과 대면하지 않고 주문과 결제를 하는 시스템이다.
스타벅스 '사이렌 오더'와 유사하지만 테이블 오더는 여기서
한 발 더 나아갔다. 비대면 주문과 결제를 원스톱으로
진행하는데 이어 '앉아 있는 자리'까지 서빙이 된다. 가게에
들어가서 자리에 앉고, 테이블에 부착된 QR코드를 찍어서
메뉴 주문부터 결제까지 가능하다. 포스(Pos) 단말기와

연동되기 때문에 종업원을 호출하거나 계산대로 가지 않아도 된다. 종업원은 서빙을 해줄 때만 만나면 된다.

점주에게 테이블오더는 혁신이다. 알림이 오면 바로 요리에 들어가면 된다. 메뉴를 잘못 들어서 손님과 투닥거릴 일도 없고, '언제 나오냐'는 말을 들을 필요도 없이 주문 접수부터 진행 과정을 손님에게 전달할 수도 있다. 부가적인 것 외에 오직 음식에만 집중할 수 있는 것이다.

그러나 고객 관점에서 보면 스마트 대기를 통해 고객대기 시간과 주문 받는 인력을 줄여 비용을 절감한 것으로 시스템이 제 목적을 달성한 것은 아니다. 스마트 대기 시스템을 통해 점주는 누가 매장에 방문했다가 그냥 돌아갔는지, 오더 후 음식이 서빙 되는데 얼마나 걸렸는지, 어떤 메뉴가 주문에서 서빙까지의 시간이 오래 걸리는지 등의 데이터를 분석해서 고객 관리와 서비스 전략에 활용해야 한다. 디지털 혁신을 통해 그간 묻혀있던 고객의 불편 사항을 데이터를 통해 분석함으로써 충성 고객을 만들 수 있는 결정적 순간을 관리해야 하는 것이다.

지금(NOW)
서비스

휴일에도 원고를 쓰는 나를 위로한다고 '점심을 함께하자'며
은행 후배가 사무실로 찾아왔다. 이런저런 이야기 중에 마침
자동차 보험을 갱신해야 한다기에 '내가 해주겠다'고 나섰다.
예년처럼 주행기록 사진, 번호판 사진, 블랙박스 사진을
준비하고 관련 보험사 사이트에서 가입 절차를 진행해
나가는데 몇 번을 다시 뒤돌아가서 뒤져봐도 할인적용을 받기
위해 블랙박스를 등록하는 곳이 없었다. 결국 콜센터에 전화를
걸었더니 '평일 아침 9시부터 오후 6시까지만 상담원과
통화할 수 있습니다'라는 답변이었다. 그러고 보니 '오늘이
어린이날 휴일'이었다.

하는 수 없이 인터넷을 여기저기 검색해 이유를 찾아보니 '12년 이상 연식의 개인용 차량에 대해서는 블랙박스 할인특약을 없앴다'는 뉴스가 올라와 있었다. 그렇다면 이미 차량 연식이 등록되어 있는데 관련 사이트에 안내 메시지를 팝업창으로 띄워 주거나 챗봇 서비스라도 가능하게 했어야할 것이다. 요즘은 회사마다 '챗봇(chatbot)'을 도입해서 실시간 라이브 채팅상담을 해주고 있는 곳이 많다. 고객에게 더 좋은 서비스는 '다음날 영업시간'이 아니라 '바로 지금(RIGHT NOW)'인데도 많은 회사들이 근무시간에 맞추어 상담하는 것을 아주 당연하게 여기고 있다.

요즘 음식주문이나 전자상거래에 익숙한 디지털 고객에게는 휴일과 업무시간의 구분이 따로 없다. 오픈마켓 11번가에 따르면 하루 중 결제 가 가장 많이 이뤄진 시간대는 퇴근 이후인 오후 6시부터 밤 9시였다. 오늘날의 디지털 고객들은 쇼핑몰에서도 궁금한 점이 있을 때 바로 해 결되지 않으면 좌절을 느낀다. 고객은 더 이상 기다리려고 하지 않는 다. 이제 기업은 고객이 원하는 경험에 부합하기 위해서는 무엇보다 먼 저, 사고방식부터 바꿔야 한다. 디지털 이니셔티브의 DNA를 이커머스 (e-commerce) 기업처럼 생각해야 한다.

디지털 소비자는
청개구리다

구글은 전 직원에게 무료로 다양한 식사와 간식을 음식을
제공하는 것으로 유명하다. 그것도 최상급 재료로 수준급
요리사가 조리하는 음식이라 맛이 아주 좋다. 그로 인해
'구글 15'라는 말이 생겼다고 한다. 구글에 입사하면 몸무게가
15파운드 늘어난다는 의미이다. 이 문제를 해결하고 싶어
했던 구글 인사팀은 접시 크기가 음식 섭취량에 큰 영향을
미친다는 연구 결과를 발견했다. 즉, 접시가 클수록 음식을
더 많이 먹으며, 또 더 많이 먹고도 포만감을 덜 느낀다는
것이었다. 넛지를 활용할 수 있는 절호의 기회로 삼아 구글은
즉시 한 카페테리아를 선정해 그곳에 있는 모든 접시를
12인치에서 9인치짜리로 바꿨다. 그러자 직원들은 예전에는

음식을 한 번만 담아오면 됐는데, 이제는 두 번이나 다녀와야 한다며, 불평을 쏟아냈다. 인사팀은 다시 조건을 바꾸어 큰 접시와 작은 접시를 함께 놔두었더니 드디어 불평은 사라지고 카페 이용자의 21%가 작은 접시를 사용하기 시작했다.

긍정적인 효과를 확인한 인사팀은 여기에 더해 '큰 접시를 사용하면 음식을 더 많이 먹는 반면, 포만감은 덜하다'는 연구 결과를 카드로 만들어서 식탁에 게시글을 붙였다. 그러자 작은 접시를 사용하는 직원의 비율이 50%로 높아졌다. 이 게시글의 간단한 하나로 구내식당을 찾은 직원의 1/3의 식사량이 줄어들기도 했다. 구글이 이번 실험을 통해 배운 교훈은 직원들의 선택권을 빼앗지 않는 것이 최선책이라는 점이었다.

넛지의 핵심은 명령이나 지시 없이 행동을 유도하는 것이다. 구글은 직원들에게 고칼로리 음식을 강제로 빼앗는 게 아니라 그릇의 크기를 교체하는 방식으로 직원들의 건강을 챙겼다.

최근 유행하는 마케팅 전략들을 관통하는 핵심은 더 이상 소비자들에게 일방적으로 마케팅 메시지를 푸시(push)하는 방식은 디지털 트랜스포메이션 시대에 맞지 않다는 것이다. 디지털 시대에는 소비자들이 자연스럽게 브랜드를 찾도록 끌어당기는 풀(pull) 전략을 써야 한다. 디지털 세상에서 청개구리 소비자들을 어떻게 다루어야 할지에 대한 그 해답이 '넛지'에 숨어 있는 것이다.

소비자 심리학을 빌려 써라

최근 해외에서 많이 활용되는 방법으로 '역경매' 숙소 예약이 있다. '역경매'는 일반 경매와 반대로 소비자가 제품(서비스)을 구매하겠다고 나서면 다수의 판매자들이 서로 낮은 가격을 제시하다가 최저가격을 제시한 판매자에게 낙찰되는 거래 방법이다. 전 세계 90개가 넘는 국가에서 활발하게 영업 중인 '프라이스라인(Priceline)'이 대표적이다. '프라이스라인' 역경매 서비스의 성공 요인은 공실을 줄이려는 호텔과 조금이라도 객실을 예약하려는 소비자 요구를 모두 충족시킨 결과였다.

프라이스라인의 입장에서는 수수료를 많이 챙기고 거래

성공률을 높이기 위해서 가능한 한 소비자들이 높은 가격을 써내는 것이 아주 중요했다. 그럼 프라이스라인은 어떻게 소비자들이 자발적으로 높은 가격을 적도록 유도했을까? 바로 앵커링 전략이었다. 프라이스라인에 접속한 소비자들이 '여러분이 원하는 가격을 써주세요(name your own price)'란 가격 창에 가격을 적으려는 순간, 그들은 자연스럽게 프라이스라인이 제공하는 정보 하나를 읽었다. "여러분이 찾고자 하는 지역의 3성급 호텔의 평균 가격이 159달러입니다." 프라이스라인은 소비자들이 스스로 가격을 선택할 수 있도록 자연스럽게 기준점을 슬쩍 제시함으로써 소비자로 하여금 기업이 원하는 가격과 큰 차이가 나지 않는 가격을 써내도록 만들었다.

처음에 얻은 정보를 기준으로 그 주변에서 답을 구하면서 새로운 정보를 받아들이지 않으려고 하는 현상을 '앵커링 효과(Anchoring effect)'라고 한다. 배가 항구에 닻(anchor)을 내려 정박하는 것처럼 생각이 어딘가에 묶여서 닻을 내려버리는 것에 비유한 것이다.

기업 현장에서 일하는 마케터나 디자이너는 현재 상황에서 문제점을 찾고 이를 극복하는 여러 대안을 찾게 되는데, 그 대안을 행동경제학에서 찾아내고 있다. 기업은 디지털 세상에 불어닥친 새로운 변화에 행동경제학의 원리를 현명하게 활용함으로써 보다 효율적으로 소비자들의 충성심을 이끌어낼 수 있다는 것을 기억하기 바란다.

시니어를 위한
디지털은 있는가

칸느 영화제에서 황금종려상을 수상한 바 있는 59세 목수 켄
로치 감독의 영화 '나, 다니엘 블레이크'는 다니엘 브레이크가
직장에서 심장마비로 쓰러지면서 일을 쉬어야 하는 상황에서
영화가 시작된다. 직장을 잃은 다니엘은 실직 수당을 받으러
간다. 담당자는 '구직활동을 해야만 수당을 줄 수 있다'고
했다. 구직활동은 오직 온라인으로만 가능한 상황이다.
다니엘은 컴퓨터는 만져본 적도 없다고 항의했지만 상담사의
답변은 '온라인 구직활동을 하지 못하는 소수들 때문에 다른
국민들이 불편해진다'라고 대답한다. 그저 성실하게 목수로만
살아온 디지털 문맹 다니엘은 정부의 보호가 필요한 시민이
아니라 담당 공무원으로부터 인터넷을 사용하지 못한다는

이유로 멸시와 위협을 당한다.

영화뿐만 아니라 현실 세계에서도 이런 일은 비일비재하게 일어나고 있다. 디지털 원주민과 이주민들은 모바일 앱을 이용해 미리 기차표나 공연 표를 예매할 수 있지만, 모바일 예매를 하지 못하는 노년층은 명절 때마다 기차에서 서서 가는 상황까지 발생하고 있다.

최근 '디지털 포용(digital inclusion)'이라는 개념이 등장했다. 디지털 포용이란 모든 국민들이 디지털 기술을 쉽고 적극적으로 활용할 수 있도록 디지털 환경 전반을 정비하는 것을 뜻한다. 설령 노년층이 디지털에 익숙하지 않더라도 일상생활의 불편함이나 소외감을 느끼지 않도록 디지털 시스템을 쉽고 편리하게 갖춰주는 포용정책이 필요하다.

모든 소비자 경험(CX)의 중심에 디지털 소외계층에 대한 이해를 바탕으로 사용자 친화적인 상품과 고객 서비스를 개발하는데도 심혈을 기울여야 할 것이다.

결정적 순간은 디지털에 있다

초판 1쇄 발행 2021년 12월 10일

지 은 이 장정빈
발 행 인 이동선
발 행 처 한국표준협회미디어
편집·홍보 노지호, 김정화
출판등록 2004년 12월 23일(제2009-26호)
주   소 서울특별시 강남구 테헤란로 69길 5 (삼성동 DT센터) 3층
문의전화 02-6240-4890 **팩 스** 02-6240-4949
홈페이지 www.ksamedia.co.kr

ISBN 979-11-6010-055-6
값 4,500원